ZU TISCH!

EINE REISE ZU DEN AUSGEFALLENSTEN RESTAURANTS DER WELT

DUMONT

INHALTSVERZEICHNIS

EUROPA

AFRIKA

Unschlagbar günstig — Erschwinglicher Genuss — Purer Luxus

Ko Kut, Thailand
www.soneva.com/soneva-kiri/experiences

TREEPOD DINING

ÜBER ALLEN WIPFELN IST RUH

Ein Luxus-Dinner mal aus der Vogelperspektive? Man setzt sich in das gemütliche Vogelnest aus Bambus, drückt ein kleines Knöpfchen und schwebt dann hoch in das tropische Laub des uralten Regenwaldes von Ko Kut. Oben angekommen genießt man asiatische Gourmet-Köstlichkeiten und ein Glas Wein, während man majestätisch über den Golf von Thailand schaut. Natürlich muss man das Essen nicht selbst hochtransportieren. Die schwebende Bedienung fliegt es auf waghalsige Weise per Zipline ein – und lässt einen dann wieder allein mit der Natur.

● Lindesnes, Norwegen
www.under.no

UNDER

EIN GUCKLOCH INS MEER

Ist das etwa ein angeschwemmter Schiffscontainer? Oder ein Wellenbrecher aus Beton? Nein, es ist ein Unterwasser-Wunder – schließlich bedeutet „under“ auf Norwegisch sowohl „unter“ als auch „Wunder“. Steigt man die Treppen zu Europas erstem Unterwasserrestaurant hinab, empfängt einen modernste nordische Architektur und Inneneinrichtung. Beim Essen guckt man durch das große Fenster direkt in die Nordsee, während das vom Meer gefilterte blau-grüne Licht eine Atmosphäre schafft, als ob man in einem U-Boot sitzen würde.

London, Großbritannien
www.duddells.co/landing

DUDDELL'S

UNGLÄUBIGER THOMAS

Wer in der alten Kirche St. Thomas religiöse Einkehr suchen möchte, wird sich ungläubig die Augen reiben. In den Kirchenraum ist nämlich ein stylishes Restaurant eingezogen. Dennoch speist man durchaus pietätvoll: Elemente des denkmalgeschützten Gebäudes wurden in die schlichte moderne Architektur miteinbezogen. Und die feinste kantonesische Küche hat sich gleich zwei Michelin-Sterne verdient.

FLOYD'S PELICAN BAR

REGGAE FEVER

Hat hier eine haschischrauchende Rastafarikommune auf einer Sandbank mitten im Meer ein alternatives Wohnprojekt verwirklicht? Auf Stelzen gebaut, mit locker aus Treibholz geflochtenen Wänden und einem Dach aus Gras? Eigentlich gar nicht so weit von der Wahrheit entfernt. Ursprünglich hatte der Fischer Floyd nur einen Unterstand zusammengeschustert, um dort mit seinen Kumpels Red-Stripe-Bier zu trinken. Mittlerweile betreibt er die wohl coolste Bar der Welt. Ya Man!

● Treasure Beach, Jamaika
pelicanbar.restaurantsnapshot.com

ROLLERCOASTERRESTAURANT®

ESSEN AUF RÄDERN

Im Prater leuchten Kinderaugen. Das ist auch in diesem Restaurant im Wiener Freizeitpark nicht anders. Die Speisen und Getränke werden über eine riesige Achterbahn katapultiert, bevor sie auf dem Tisch landen. Bis auf 30 Kilometer pro Stunde werden die Transportschlitten beschleunigt, damit sie auch Loopings überstehen, ohne dass die Cola verschüttet wird. Als Nachschlag gibt es alle 45 Minuten eine bunte Show dazu: Unter den Schienen, Spiralen und Loopings leuchten verschiedenfarbene Lichtsysteme, die für stilechtes Rummel-Feeling sorgen.

• Hamburg, Deutschland
www.zollenspieker-faehrhaus.de/gastronomie/das-pegelhaeuschen

ZOLLENSPIEKER FÄHRHAUS

TÊTE-À-TÊTE MIT ELBBLICK

Das kleinste Restaurant der Welt steht in der Elbe. Erbaut wurde der idyllisch gelegene Turm ursprünglich als Pegelhäuschen. Heute ist es der ideale Ort für ein Tête-à-Tête ohne störende weitere Gäste. Der malerische Blick auf die vorbeifließende Elbe lässt romantische Herzen gleich noch höher schlagen. Verliebte Paare lauschen dem leisen Plätschern des Flusses, blicken sich tief in die Augen und genießen dabei ein exklusives 4-Gänge-Überraschungsmenü. Es sollen hier schon Heiratsanträge gemacht worden sein. Wer könnte da Nein sagen.

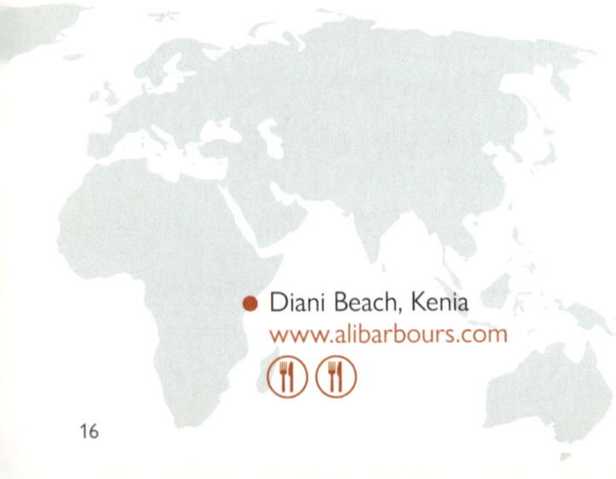

● Diani Beach, Kenia
www.alibarbours.com

ALI BARBOUR'S CAVE RESTAURANT

DAS IST DOCH DIE HÖHLE

Der wahrscheinlich romantischste Ort für ein Abendessen entlang der ganzen Ostküste Afrikas: In der Tuffsteinhöhle mit dem großen Loch in der Decke treffen sich Himmel und Erde. Kerzenlicht erfüllt den von der Natur gestalteten Raum, ein abendliches Lüftchen weht einen Hauch von Meeresduft über die weiß gedeckten Tische, und auf den Teller kommt feinstes Seafood.

DINNER IN THE SKY

EINFACH NICHT RUNTERGUCKEN

Geht es noch spektakulärer? Mit einem Kran werden Tisch, Stühle, Gäste, Kellner, Köche und ein dreigängiges Gourmet-Menü rund fünfzig Meter über den Erdboden gehievt. Einfach nur essen war aber gestern, längst wird in luftiger Höhe auch gefeiert, gelounget, gespielt oder geheiratet. Die Dinner-Idee kommt aus Belgien, die Kranrestaurants werden mittlerweile aber an den angesagtesten Locations der Welt gesichtet.

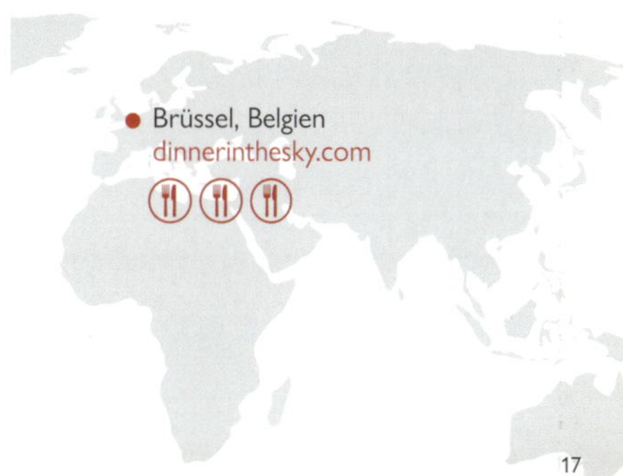

TOILE

MODERN TOILET

DAS GROSSE GESCHÄFT

Ok, was oben reinkommt, muss auch unten wieder raus. Aber dass beides noch gleich aussehen soll, ist zumindest gewöhnungsbedürftig. Oder aber total witzig. Inspiration für das Themenrestaurant Modern Toilet war der Manga „Dr. Slump", in dem viel Pipi-Kaka-Humor vorkommt. Nun sitzen Besucher auf WCs an Waschbeckentischen, das Essen sieht aus wie Fäkalien, das Eis kommt in Plastiktoiletten und die Getränke in Mini-Pissoirs. Das Restaurant in Taipeh lief so gut, dass es längst Ableger in anderen asiatischen Städten gibt.

FANGWENG RESTAURANT

ROMANTISCHE MUTPROBE

Schon der Weg zum eigenen Tisch erfordert eine gehörige Portion Mut: Er führt von einer natürlichen „Höhlenlobby" über einen abenteuerlich am Fels entlanggebauten Steg in die große Restaurant-Höhle. Wer diese Mutprobe bestanden hat, hat sich das Abendessen im romantischen warmen Licht chinesischer Lampions redlich verdient. Nur für Schwindelfreie empfiehlt sich der Platz auf dem Balkon. Doch sie werden belohnt mit einer grandiosen Aussicht auf die enge Schlucht und den weit unten träge vorbeifließenden Jangtse-Fluss.

Zermatt, Schweiz
gornergrat-kulm.ch

3100 KULMHOTEL GORNERGRAT

DEN STERNEN GANZ NAH

Fast wie auf dem Dach der Welt! Auf 3100 Metern, in einer Höhe, in der man eher eine Expeditionsstation als ein Hotel vermutet, liegt das Kulmhotel Gornergrat mit seinem exquisiten Restaurant – bequem erreichbar mit der Zahnradbahn. Das Matterhorn, das Monte-Rosa-Massiv, 27 weitere Viertausender und monumentale Gletscher sind zum Greifen nah. Wer etwas Glück hat, kann Murmeltieren, Steinböcken oder Steinadlern zusehen. Und wenn es Nacht wird, erscheint die Milchstraße so klar, wie man sie noch nie gesehen hat.

EIN LAND WIRD RESTAURANT

SMAKLIG MÅLTID!

Ein ganzes Land wird zu einem Restaurant? Wie soll denn das gehen? Ganz einfach: Eine Initiative von Schwedens Tourismusorganisation stellt im ganzen Land Tische mitten in der Natur auf. Bucht man einen, erhält man von Sterneköchen kreierte Rezepte, deren Zutaten fast alle in der unmittelbaren Umgebung zu finden sind. Dazu gibt es eine Grundausstattung von Lebensmitteln, und ein Naturguide ist beim Suchen und Zubereiten behilflich. Ein Prost aufs Jedermannsrecht!

WIENER RIESENRAD

KÜSS DIE HAND

Schon seit über 120 Jahren werden im weltberühmten Riesenrad im Wiener Prater erste Küsse getauscht, Heiratsanträge gestammelt oder Geburtstage und Firmenjubiläen gefeiert. Errichtet wurde es im Jahr 1897 zum 50. Thronjubiläum von Kaiser Franz Josef I. Heute kann man die komfortablen Luxus-Nachbauten der originalen Holzwaggons für exklusive Sektempfänge, romantische Candle Light Dinners, gemütliche Brunches oder wienerische Kaffeejausen mieten.

Wien, Österreich
www.wienerriesenrad.com

● Antwerpen, Belgien
www.thejaneantwerp.com

THE JANE ANTWERP

ANDÄCHTIGER GENUSS

Früher versammelten sich hier Angehörige des Militärs zur Andacht, heute huldigt man dem Gott der Genüsse. Jahrelang war die Antwerpener Militärkrankenhauskapelle verwaist. Dann verwandelten sie Künstler und Kunsthandwerker in ein aufsehenerregendes Design-Schmuckstück. Die Küche ist für alle sichtbar in einem Glaskubus im ehemaligen Altarraum untergebracht. Hier zaubert der mit zwei Michelin-Sternen ausgezeichnete niederländische Starkoch Sergio Herman seine Kreationen, die andächtig unter dem Kirchengewölbe genossen werden.

- Paris, Frankreich

www.dinerenblanc.com

DINER EN BLANC

WEISSE NÄCHTE

Weiß, weiß, weiß sind alle meine Kleider … das ist der Dresscode der mittlerweile weltweit beliebten, nicht kommerziellen Bewegung „weißer Dinner". Nur über die sozialen Medien erfährt man im letzten Moment, wo die Events stattfinden. Dann werden die herangeschleppten Tische zu langen Tafeln zusammengeschoben, das ebenfalls mitgebrachte Essen wird aufgetischt, und Fremde werden zu Freunden. Eigentlich ein riesiges Massenpicknick – aber eines mit Stil.

HONG KONG SOYA SAUCE CHICKEN RICE AND NOODLE

STERNE FÜRS KLEINE BUDGET

Michelin-Stern trifft Garküche! Im Chinatown von Singapur befindet sich eine unerwartete Gourmet-Goldgrube: Das legendäre Hühnchengericht des Kochs Chan Hon Meng ist das billigste mit einem Michelin-Stern ausgezeichnete Essen der Welt. Es kostet 2 Singapur-Dollar, wird auf einem Wegwerfteller serviert – und schick anziehen muss man sich auch nicht.

● Zeewolde, Niederlande
www.hansengrietjezeewolde.nl

HANS & GRIETJE PANNENKOEKEN-HUIS EN SPEELPARK

BEI HÄNSEL UND GRETEL

Ein verwunschenes Haus mit seltsam geformten Dächern und Türmchen, bewegliche Tische, wo man plötzlich den Pfannkuchen der Nachbarin vor sich hat oder mit Luft beschossen wird, und dann hängt da noch ein Klavier von der Decke – das Hänsel-und-Gretel-Pfannkuchenhaus im Spielpark Zeewolde ist zugleich Restaurant und witzige Wunderkammer für Kinder. Die Pfannkuchen auf der Speisekarte haben Hexennamen, und wenn sie verputzt sind, geht es per Rutschbahn in den großen Kinderkeller voller Spielsachen und Klettergerüste.

Queenstown, Neuseeland
www.skyline.co.nz/en/queenstown/dining/stratosfare-restaurant-bar

STRATOSFARE

AUSSICHT AUF MITTELERDE

Sind wir im Paradies gelandet? Oder in „Herr der Ringe“? Nein, nur in Queenstown am Lake Wakatipu auf der Südinsel Neuseelands, Traveller-Eldorado und einer der schönsten Orte auf Erden. Türkisblau leuchtet der See, darin spiegeln sich die grünen Hügel und schneebedeckten Gipfel Otagos. Ganz hoch oben am Berg hängt das Buffetrestaurant Stratosfare. Schon die Gondelfahrt ist spektakulär, getoppt nur noch durch die Aussicht. Wer sich einen Fensterplatz ergattern konnte, fühlt sich, als ob er direkt auf Mittelerde blicken würde.

EL DIABLO

DIE NATUR ALS GRILLMEISTER

Auf der Kanareninsel Lanzarote spuckten im 18. Jahrhundert sechs Jahre lang die Vulkane. Sie begruben zahllose Dörfer und die fruchtbarsten Böden der Insel unter einer dichten Lavaschicht. Diese karge Mondlandschaft wurde später zum Nationalpark Timanfaya erklärt. Hier errichtete der einheimische Maler und Architekt César Manrique das runde Aussichtsrestaurant El Diablo (Der Teufel). Die eigentliche Attraktion ist aber die Grillstelle über einem 400 Grad heißen Erdloch. Serviert wird kanarische Küche mit – natürlich – vulkanischen Weinen.

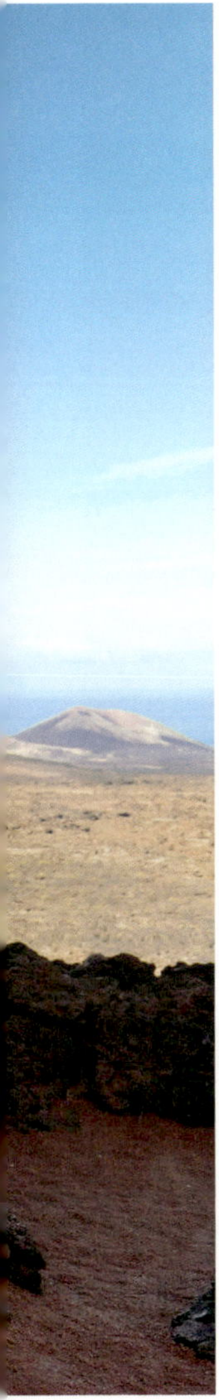

● Rovaniemi, Finnland
www.snowland.fi/en/Home

LUMIMAA

BITTE MIT EIS!

„Lumimaa" bedeutet Schneeland. Im hohen Norden Finnlands, dort, wo im Winter das Nordlicht am Himmel spielt und der Weihnachtsmann mit seinen Rentieren lebt, steht eine riesige Igluskulptur ganz aus Schnee. Eislaternen und Kerzenlicht beleuchten Lapplands „coolstes" Restaurant, in dem man unter der Eiskuppel auf Rentierfellen sitzend samische Spezialitäten genießt. An Tischen, die natürlich ebenfalls aus massivem Eis geformt sind. Dazu trinkt man – was sonst? – eisgekühlten Wodka.

LE TRAIN BLEU

REISEN UND SPEISEN

Warum nicht mal eine Zeitreise ins Jahr 1900 unternehmen? Das Reisen war damals noch den Schönen und Reichen vorbehalten, wurde mit Stil und Luxus zelebriert, und Bahnhöfe waren die Kathedralen der Moderne. Zugleich mit dem Pariser Gare de Lyon eröffnete das prunkvolle Restaurant im Obergeschoss mit seinen riesigen Wandgemälden und goldverzierten Speisesälen, das sich seither kaum verändert hat. Bon voyage!

● Paris, Frankreich
www.le-train-bleu.com/en

● Hurawalhi, Malediven
www.hurawalhi.com/de/dining/undersea-restaurant

5.8 UNDERSEA RESTAURANT

5,8 METER UNTER DEM MEER

Es geht zwar nicht ganz zum Mittelpunkt der Erde, aber immerhin knapp 6 Meter unter den Meeresspiegel: In dieser Tiefe speist man im piekfeinen Hurawalhi-Resort auf den Malediven. Auf den Tellern werden erlesenste Köstlichkeiten des Meeres serviert, während sich rings um den mitten ins Korallenriff gebauten Glastunnel quicklebendige Meeresbewohner in allen Farben, Größen und Formen tummeln. Und wenn es oben Nacht wird, fühlt man sich vollends wie in einer geheimnisvollen Unterwasserwelt direkt aus einem Abenteuer von Jules Verne.

● Grindelwald, Schweiz
www.pfingstegg.ch

SKY-DINNER

ZUM GIPFEL DES GENUSSES

Tagsüber drängen sich Wanderer mit Rucksäcken oder Rodler in warmer Winterkleidung in den Gondeln der Pfingsteggbahn – am Abend verwandeln sich diese dann in gemütliche kleine Gourmetlokale und laden zum Sky-Dinner. Leise schweben sie in den letzten Sonnenstrahlen den majestätischen Felswänden entgegen oder baumeln unter einem sagenhaft klaren Sternenhimmel. Egal, ob man seine Freunde zum Geburtstagsfest einlädt oder zu zweit den Hochzeitstag feiert – in der klaren Bergluft des Berner Oberlandes ist der Appetit gleich doppelt so groß.

GRINDELWALD
PFINGSTEGG

● Bestwig, Deutschland
www.hotel-nieder.de/gruben-dinner

GRUBEN-DINNER

GLÜCK AUF!

Hier kommt echte Bergmannsstimmung auf: Kühl ist die Luft im Stollen dreihundert Meter unter Tage, Grubenleuchten spenden zögerliches Licht, die Decken der roh in den Fels geschlagenen Räume sind mit Abfangnetzen geschützt, und überall steht Werkzeug herum – so als ob jeden Moment eine neue Schicht beginnen könnte. Die sauerländische Hausmannskost, die beim Gruben-Dinner im ehemaligen Erzbergwerk Ramsbeck gereicht wird, passt ganz hervorragend dazu.

THE NEW LUCKY RESTAURANT

SCHWEIGENDE GÄSTE

Als der frischgebackene Unternehmer erfuhr, dass das Land, auf dem er sein neues Restaurant eröffnen wollte, ein Friedhof war, beschloss er, aus der Not eine Tugend zu machen. Er baute sein Restaurant um die Verstorbenen herum und erklärte die grünen Steinsarkophage zur Hauptattraktion. Die anonymen Gräber sind pietätvoll mit Stahlgittern geschützt und erhalten jeden Morgen frische Blumen.

Amsterdam, Niederlande
www.restaurantdekas.nl

DE KAS

WER IM GLASHAUS SITZT

Eine perfektere Kulisse als ein altes Gewächshaus könnte es für das kulinarische Credo der sterneerprobten Öko-Köche gar nicht geben. Hier kocht man nach dem Grundsatz „farm-to-table“ – also direkt vom Acker auf den Tisch. Das De Kas besitzt einen eigenen Garten, ein eigenes Gewächshaus und eigene Gemüseäcker in der Nähe. Hier wächst alles, was den anspruchsvollen Gourmets allabendlich aufgetischt wird. Von Hand gepflückt. Gerade eben noch in der Erde. Frischer und regionaler geht nicht. Und noch leckerer ist kaum vorstellbar!

● Ibiza, Spanien
www.heartibiza.com

HEART

STERNE IN DER MANEGE

Was ist es denn nun, das Heart auf Ibiza? Gourmetrestaurant, Imbiss, Konzertsaal, Varietétheater, Club? Die spanischen Kochstars Ferran und Albert Adrià und der Erfinder der Unterhaltungsshow Cirque du Soleil interpretieren den althergebrachten Restaurantabend ganz neu: nämlich als Happening für die Fantasie, als Fest für alle Sinne. Auf der Terrasse gibt es Street Food aus aller Welt, drinnen Spitzengastronomie mit Showbegleitung. Und nach dem Schlemmen geht es im Club mit internationalen DJs und Bands weiter, so wie es sich für eine Partyinsel gehört.

OPEN
xBROWNIE 2 CHIP
xCHEESECAKE 2 CHIP
xCARROTCAKE 2 CHIP
xDORAYAKI 1 CHIP
xMARSHMALLOW 1 CHIP
KING

• London, Großbritannien
www.fengshang.co.uk

FENG SHANG PRINCESS

AM WASSER GEBAUT

Diese Londoner Prinzessin namens Feng Shang ist kein exotischer Familienzuwachs der Royals – sie ist eine lackrot dekorierte, dreistöckige schwimmende Pagode, geschmückt mit chinesischen Laternen. Gekocht werden Gerichte aus China, aber auch aus Singapur, Thailand oder Malaysia. Die Prinzessin ist nahe dem Zoo auf dem Regent's Canal verankert und soll Paul McCartneys Lieblingschinesin sein.

CLARK'S FISH CAMP

LÖWENHUNGER

Ein spektakuläres Panoptikum und eine der größten privaten Sammlungen von ausgestopften Tieren der USA – hier isst man unter den stummen Blicken von Löwen, Tigern, Affen, Bären, Giraffen, Hirschen, Bobcats und einem Vogelschwarm. Die reichhaltige Seafood-Karte des beliebten Ausflugsrestaurants hätte zweifelsohne auch manchem der toten Gesellen zu Lebzeiten Appetit bereitet. Was die Alligatorin Lilly in ihrem Terrarium gerne frisst, erfährt man bei einer Fütterungsshow.

● Jacksonville, USA
www.clarksfishcamp.net

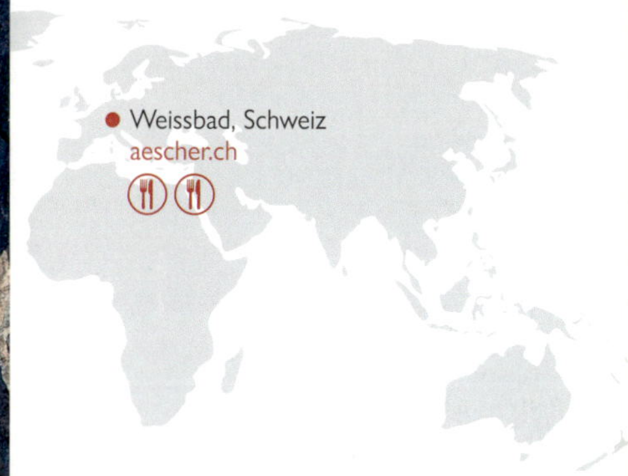

Weissbad, Schweiz
aescher.ch

BERGGASTHAUS AESCHER

WO DIE WILDEN KERLE ESSEN

Am Fuße einer hohen Felswand unter der malerischen Ebenalp wohnten vor langer Zeit Eremiten in der Klause Wildkirchli. Das Restaurant Aescher gleich daneben ist seit 1884 bewirtschaftet und gehört damit zu den ältesten Berggasthäusern der Schweiz. Ein kurzer Abstieg von der Bergstation der Seilbahn – und schon wird man mit neu interpretierten appenzellischen Spezialitäten belohnt. Aber so richtig genießt man diesen mystischen Ort erst, wenn man wie damals die Einsiedler die steile Wanderung vom Tal hinter sich gebracht hat.

San José del Cabo, Mexiko
viceroyhotelsandresorts.com/en/loscabos/dining_and_nightlife/nido

NIDO CEVICHERIA & BAR

NESTWÄRME

Wie ein von Webervögeln gebautes Nest scheint das Nido über dem Wasser zu schweben. Die Architekten haben den schlichten weißen Hotelkuben im Hintergrund diese atemberaubende organische Struktur aus natürlichen Materialien entgegengesetzt. Entstanden ist als maximaler Kontrast eine warme und einladende Hülle für Genießer. Als Spezialität werden lokale oder japanische Speisen direkt vom Tischgrill angeboten. Besonders gerühmt wird das Frühstück. Im wohligen Kokon sitzend blickt man dann zufrieden Richtung Horizont und denkt über die Bedeutung des Wortes „Wasserspiegel“ nach.

LILY AIRWAYS RESTAURANT

READY FOR TAKE-OFF

Flugangst? Da wüssten wir eine Therapie! In dieser ausgedienten Boeing 737 in China gibt es Bordverpflegung, ohne abzuheben. Nach dem Check-in erwartet einen im ganz normalen Flugzeuginnenraum das volle Flugfeeling, Servicepersonal in Fluguniformen inklusive. Nur die eng bestuhlten Sitzreihen sind edlen Ledersitzgarnituren gewichen, die sich zu beiden Seiten der airlinemäßig gedeckten Tische erstrecken.

REM EILAND

SENDUNGS-BEWUSSTSEIN

Nichts erinnert heute an die leicht anrüchige Vergangenheit dieser Plattform: Früher sendete darauf nämlich ein Piratensender von außerhalb des niederländischen Hoheitsgebiets. Dann ließ die Marine die illegale Station räumen. Die Plattform wurde näher ans Festland verlegt und beherbergt heute ein stylishes Restaurant, ein Studio und zwei Bars mit einem wunderbaren Blick über den Amsterdamer Hafen.

● Amsterdam, Niederlande
www.remeiland.com/en/home-english

BEN ABEBA

WANDLOS GLÜCKLICH

Was ist das für ein seltsames luftiges Gebilde, das da hoch auf dem Berg im Herzen Äthiopiens thront, fragt man sich von Weitem. Von Nahem ist es der wahr gewordene Traum einer Schottin und ihres äthiopischen Partners: ein florierendes Restaurant mit europäischer und afrikanischer Küche. Und wenn die untergehende Sonne die sanften Berge vergoldet, ist man dankbar, dass es in diesem Restaurant keine Wände gibt.

● Bratislava, Slowakei
www.u-f-o.sk/de/index.html

UFO

UNBEKANNTES FOOD-OBJEKT

Anybody out there? In luftiger Höhe über der Donau ist ein UFO gelandet. Es thront auf der 95 Meter hohen Spitze eines Aussichtsturms, der zugleich als Pylon einer architektonisch außergewöhnlichen Hängebrücke dient. Sie trägt den Namen „Brücke des Slowakischen Nationalaufstands“ und wurde bereits 1972 eröffnet. Doch genug von der Brücke: Ein Aufzug in einer der Stützen bringt die Gäste zum UFO hinauf, wo sie in zwei Bars oder einem gehobenen Restaurant mit einem spektakulären Rundumblick bis fast ins Weltall verwöhnt werden.

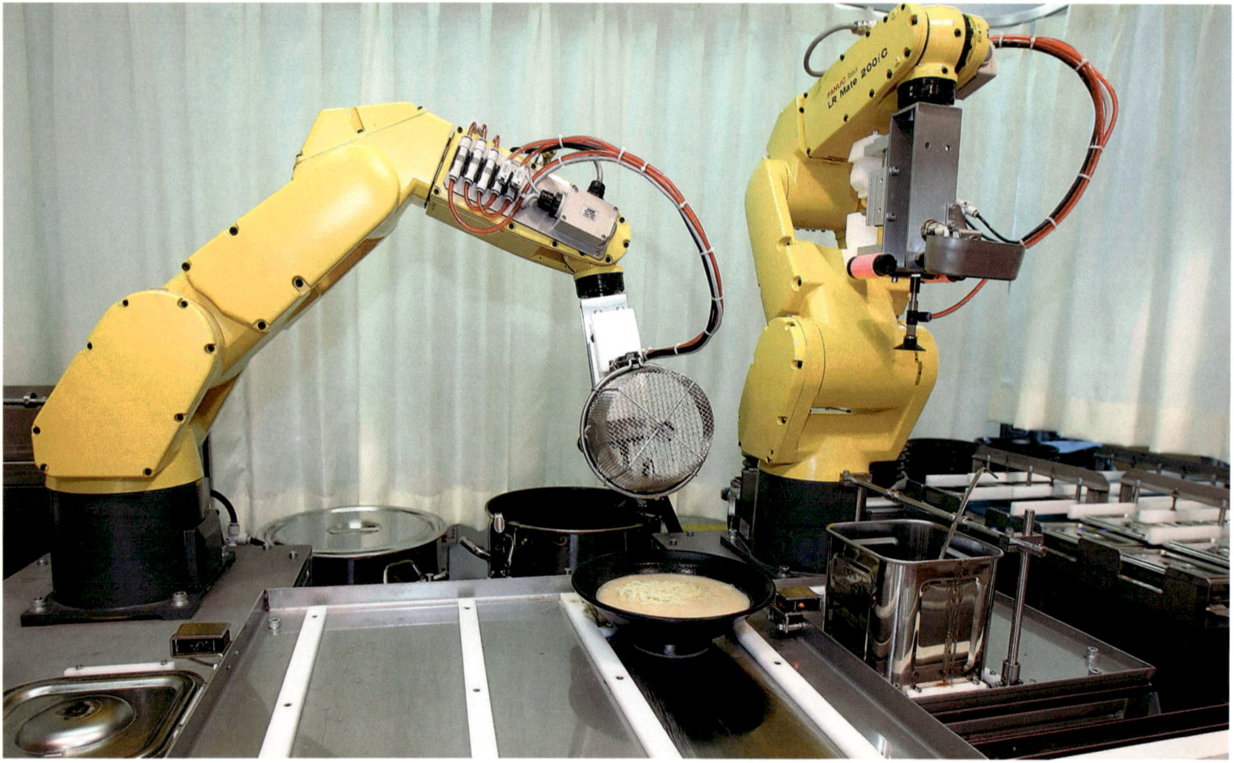

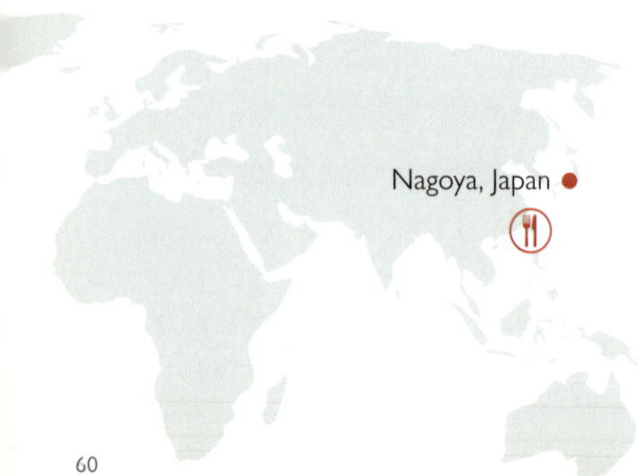

NAGOYA ROBOT RAMEN

WILLKOMMEN IN DER ZUKUNFT

In diesem Tokioter Nudelsuppen-Restaurant ist die Zukunft schon zu Gast. Die registrierten Kunden werden per Gesichtserkennung begrüßt. Die elektronische Bestellung geht dann an R2B1 und R2B2, zwei kanariengelbe Greifarm-Roboter, die in einer fein aufeinander abgestimmten Choreografie in neunzig Sekunden eine Schale Ramen zubereiten. Die beiden sind zwischendurch sogar zum Scherzen aufgelegt.

Berlin, Deutschland
www.tadshikische-teestube.de

TADSHIKISCHE TEESTUBE

EIN GESCHENK VON BRÜDERN

Mitten im hippen Berlin-Mitte und gleichzeitig gefühlt in den Weiten der Steppe: Ein Hauch von Nomadentum und Jurtenromantik durchzieht die Tadshikische Teestube. Erst zieht man die Schuhe aus, dann nimmt man auf Sitzkissen an flachen Tischen zu einer Tasse Tee, einem Borschtsch oder hausgemachten Pelmeni Platz. Die ganze Teestube mit ihren handgeschnitzten Säulen aus Sandelholz wurde 1974 im Sowjetischen Pavillon der Leipziger Messe ausgestellt und danach der Gesellschaft für Deutsch-Sowjetische Freundschaft geschenkt.

01

London, Großbritannien
sketch.london

SKETCH

FANCY ARTY DINING

London ist nun wirklich nicht arm an außergewöhnlichen Restaurants. Doch das Sketch wird gerade besonders gehypt und steht bei den Reichen und Schönen ganz oben auf der Liste. Was ein bisschen aussieht wie Barbies Wohnzimmer, ist ein äußerst erfolgreiches Konzept von „Art & Dining". Angesagte Künstler stellen hier aus oder richten gleich ganze Räume ein. Neben der Gaststube in Pink gibt es auch eine Bar in einem magischen Wald oder lustige Toiletten-Eier. Nur Sterne-Küche allein reicht in London eben einfach nicht mehr aus.

Hongkong, China
www.jumbokingdom.com/en/main.html

JUMBO KINGDOM

KLOTZEN STATT KLECKERN

Kaiserlicher China-Kitsch im XXL-Format: Die zwei schwimmenden Restaurantschiffe in Hongkongs Aberdeen-Hafen sind eine berühmte touristische Attraktion. Zusammen bilden sie das größte schwimmende Restaurant der Welt mit 2400 Sitzplätzen. Im James-Bond-Film „Der Mann mit dem goldenen Colt“ waren die mit unzähligen Pagoden und Drachen verzierten Riesenkähne bereits 1974 zu sehen, zahlreichen weiteren Filmen dienten sie seither als Kulisse. Und auch Her Majesty The Queen Elisabeth II. gab sich schon die Ehre.

JUMBO
珍寶

- Wien, Österreich
www.steirereck.at

STEIRERECK

GANZ SCHÖN BEWEGLICH

Top-Feinschmeckeradresse meets innovative Architektur. Mit raumhohen dreh- und verschiebbaren Elementen lässt sich dieses Restaurant im Wiener Stadtpark in wenigen Minuten perfekt auf die jeweilige Gruppengröße anpassen. Überall herrschen Flexibilität und Transparenz – und jeder Platz ist der beste. Man vergisst beinah zu erwähnen, dass das Steirereck auch eine der besten kulinarischen Adressen im ganzen Land ist.

THE ROCK

DINNER ON THE ROCK

Reif für die Insel? Dann ist The Rock vor der Küste Sansibars genau das Richtige – besonders wenn man bei Flut mit einem kleinen Boot rübergeschippert wird. Das einfache Häuschen mit dem natürlichen Schilfdach passt sich wunderbar an den vom Meer geformten Naturfels an, sogar die bestehende Vegetation wurde integriert. Und wenn die Sonne langsam im Meer versinkt, kommt das ultimative Robinson-Feeling auf.

Sansibar, Tansania
www.therockrestaurantzanzibar.com

Lübeck, Deutschland
schiffergesellschaft.de

SCHIFFERGESELLSCHAFT

OH CAPTAIN, MY CAPTAIN!

Wer an die Hansestadt Lübeck denkt, denkt an das Holstentor, an Marzipan und natürlich an die Seefahrt. Die Schiffergesellschaft wurde bereits 1401 gegründet, das öffentliche Restaurant gibt es seit gut 150 Jahren. Es gehört noch heute der Bruderschaft der Kapitäne. Auf den langen Bänken der großen Halle, unter den Holzschnitzereien, Wandgemälden und alten Schiffsmodellen, haben schon ganze Besatzungen ihre Rückkehr gefeiert. Eine Lübecker Institution also – und für alle, die hungrig sind, ein sehr stimmungsvolles Restaurant.

Mossman, Australien

www.silkyoakslodge.com.au

SILKY OAKS LODGE

JUNGLE BOOGIE

Ach, könnte man doch Dschungel-Abenteuer und Luxus-Urlaub verbinden. Kann man. Mitten im Daintree Rainforest, dem ältesten Regenwald der Erde, steht dieses luftige Baumhaus. Unten strömt der Mossman River vorbei, oben rauschen die Blätter von Palmen, Eukalyptus- und Farnbäumen, und wer Glück hat, hört den tiefen Ruf des sagenumwobenen Kasuar-Vogels. Die Küche dieser Eco-Lodge zaubert moderne australische Menüs auf den Teller, Krokodil oder Känguru inbegriffen.

● Marrakesch, Marokko
marrakech-riads.com/restaurant-dar-cherifa

DAR CHERIFA

IMMER MIT DER RUHE

Manchmal kann einem der geschäftige Trubel in Marrakeschs engen Gassen zu viel werden. Wer dann den versteckten Eingang zu diesem orientalischen Palast kennt, findet sich in einer märchenhaften Oase der Ruhe wieder: Prächtiger Mosaikschmuck, ornamental geschnitzte Holzdekorationen, hohe kühle Räume mit Säulen und Rundbögen, ein lichtdurchfluteter Innenhof und eine schattige Dachterrasse. Das Dar Cherifa ist mehr als ein Restaurant, es ist auch ein kulturelles Zentrum, in dem Ausstellungen, Vernissagen oder Lesungen stattfinden.

CAFÉ PUSHKIN

CHEZ NATHALIE

Die Geschichte des Café Pushkin begann schon, als es noch gar nicht existierte. 1964 besang der französische Sänger Gilbert Bécaud in seinem Welthit „Nathalie“, wie er seiner Geliebten im fiktiven Moskauer Café Pushkin begegnet. Erst 1999 gründete ein Franko-Russe das heutige Restaurant. Er ließ es so stilecht in barockem Prunk einrichten, dass man glaubt, es stehe schon seit Jahrhunderten hier. Handverlesene Antiquitäten, holzvertäfelte Wände, Bücherregale bis unter die Decke und die russisch-französische Küche verleihen ihm seinen mondänen Charme. Bécaud war übrigens bei der Eröffnung dabei.

HUA SHAN

DER WEG IST DAS ZIEL

Auf schwankenden Brücken über schwindelerregende Schluchten und über weite Strecken quasi am nackten Fels hängend kämpfen sich die Pilger auf diesen Zweitausender-Gipfel. Wohl kein zweites Restaurant dieser Erde ist schwerer und gefährlicher zu erreichen als das Tempelrestaurant auf dem heiligen Berg Hua Shan. Die Belohnung für die Mühen ist himmlisch irdisch: ein kostenloses Essen hoch über den Wolken.

● Las Vegas, USA
www.heartattackgrill.com

HEART ATTACK GRILL®

ESSEN, BIS DER ARZT KOMMT

Für Vielfraße ist ein Restaurantbesuch meist ein teures Vergnügen. Nicht so im „Herzinfarkt-Grill“. Am Eingang steht man auf die Waage, und wer über 350 Pfund (etwa 160 Kilo) wiegt, isst den ganzen Abend umsonst. Die Burger schlagen alle Rekorde: Bis zu acht Pattys werden gestapelt. Wer seine Riesenportion nicht brav aufisst, wird von einer der Krankenschwestern-Kellnerinnen ausgepeitscht. Zur Sicherheit ist der Chefarzt auch gleich vor Ort – und falls man vor lauter Völlerei nicht mehr gehen kann, wird man im Rollstuhl herumgeschoben.

"I like it in the can!"
24oz
Beers
$4.62
ButterFat Shake
The World's Highest Fat Content!
$4.62
Strawberry Daic
Mango Colada
Margarita
$9.24
22oz Take Home
Souvenir Cup
CAUTION: Half Liquor
Strongest Frozen on Fremont

San Pablo City, Philippinen
www.villaescudero.com

LABASSIN WATERFALL RESTAURANT

ERFRISCHUNG INKLUSIVE

Die Füße im fließenden Wasser, das Rauschen des Wasserfalls in den Ohren und die erfrischende Gischt in der Luft: In diesem Wasserfall-Restaurant auf den Philippinen setzt man sich am besten in der Badehose an den Tisch, um das traditionelle einheimische Mittagsbuffet zu genießen. Wer weitere Erfrischung sucht, kann nach dem Essen auch ganz ins Wasser eintauchen.

BURGERMEISTER

KEIN STILLES ÖRTCHEN

Dort, wo das Kreuzberger Nachtleben pulsiert, direkt unter den Hochbahngleisen des U-Bahnhofs Schlesisches Tor, steht eine der gusseisernen „Bedürfnisanstalten" aus Kaisers Zeiten. Heute wird sie umlagert von einer internationalen Party-Crowd, die im Ex-Pissoir handgefertigte ehrliche Burger mit Cheese Fries genießt. Wie es sich gehört ohne Besteck. Was wohl der Kaiser dazu gesagt hätte?

Cartagena, Kolumbien
restauranteinterno.com

RESTAURANTE INTERNO

EINE ZWEITE CHANCE

Freiwillig in ein kolumbianisches Gefängnis? Keine Sorge: Die Gäste des Restaurante Interno sind nur auf Kurzbesuch hinter Gittern. Nicht jedoch die Küchen- und Servicekräfte, sie müssen oft längere Haftstrafen im Frauengefängnis San Diego in Cartagena absitzen. Ein Sozialprojekt eröffnet ihnen während dieser Zeit eine Ausbildung, ein kleines Einkommen – und vor allem eine zweite Chance nach der Entlassung. Auch der Gefängnisalltag wird durch die Einnahmen angenehmer gestaltet, mit neuen Matratzen, einer Bibliothek oder einem Garten.

Clermont-Ferrand, Frankreich
www.lebus26.fr

LE BUS 26

EIN HOCH AUF DEN BUSFAHRER

Warum muss man eigentlich immer die lokalen Spezialitäten zu den Gästen bringen? Das geht doch auch umgekehrt. Diese geniale Idee hatte ein junges Paar aus der Auvergne und baute kurzerhand einen Doppeldecker-Bus zu einem Restaurant um. Im Untergeschoss haben sie die Küche untergebracht, und im Obergeschoss können 26 Gäste den Panoramablick von ihren Tischchen aus genießen. Der Bus 26 tourt durch die malerische Gegend, der Standort wechselt regelmäßig, und immer wird die Karte der jeweiligen Region angepasst.

RESTAURANT
RESTAURANT LE Bus 26
Parking
DX-890-LD

● Kolkata, Indien
www.biswabanglagatekolkata.in

BISWA BANGLA GATE

DER RING DER WESTBENGALEN

Kalkutta, Hauptstadt Britisch-Indiens, Stadt der Paläste, wunderbare Kolonialarchitektur. Denkt der Tourist. Doch wenn er vom Flughafen her kommt, schwebt da plötzlich dieses futuristische Ding über der Straße: das Biswa Bangla oder Kolkata Gate. An vier 55 Meter hohen Stützen hängt ein riesiger Ring mit einem Restaurant, durch dessen Fenster man einen erhabenen Blick über den modernen Teil Kolkatas genießt.

SOBRINO DE BOTÍN

MUTTER ALLER RESTAURANTS

Was hat dieses Restaurant in seinen bald 300 Jahren schon für berühmte Gäste gesehen! 1725 wurde es gegründet und hält somit den Guinness-Rekord als ältestes Restaurant der Welt, das ununterbrochen in Betrieb ist. Im Original-Holzofen aus der Gründungszeit wird noch immer die Hausspezialität Spanferkel zubereitet. Ernest Hemingway schmeckte es einst so sehr, dass er in seinem Roman „Fiesta" davon schwärmte.

Alnwick, Großbritannien
alnwickgardenhospitality.com/the-treehouse

THE TREEHOUSE RESTAURANT

DAS BAUMHAUS VON HOGWARTS

Das Alnwick Castle ist Harry-Potter-Fans bestens bekannt: Es diente in den ersten beiden Filmen als Kulisse für Hogwarts, und Harry lernte hier zum Beispiel Quidditch spielen. Genauso fantastisch ist aber dieses Gebäude im benachbarten Garten: 560 Quadratmeter aufgeständerte und verschachtelte Holzgebäude bilden zusammen das größte Baumhaus Europas. Im Herzen sitzt das außergewöhnliche Restaurant mit Holzstegen, großem Saal, funkelnden Lichtern und knisterndem Kaminfeuer. Ein magisches Erlebnis nicht nur für Muggel-Kinder.

KAWAII MONSTER CAFÉ

VILLA KUNTERBUNT

Schrill, trashy und ultimativ künstlich – das kann nur im Tokioter Stadtteil Harajuku sein, wo das Herz der japanischen Popkultur schlägt. Wer das Kawaii Monster Café besucht, entscheidet zuerst einmal per Knopfdruck, in welchem der vier grellbunt designten Plastik-Spaces er den Abend verbringen möchte. Überirdische Monster geleiten einen dann zum Sitzplatz und räkeln sich später in einer Show auf dem Karussell. Die Cocktails kommen als geheimnisvoller Do-it-yourself-Chemiebaukasten daher, und selbst die Spaghetti sehen aus wie aus farbigem Plastik.

● Istanbul, Türkei
www.kizkulesi.com.tr/Home

KIZ KULESI

EIN TURM IST NICHT GENUG

Die James-Bond-Locationscouts hatten ja immer schon ein Auge für außergewöhnliche Orte, und so bekam der Kiz Kulesi („Mädchenturm") einen prominenten Auftritt in „Die Welt ist nicht genug". Überhaupt hat der Turm, der auf Deutsch auch Leanderturm heißt, in seinem langen Leben schon so einiges erlebt: Zollstation, Verteidigungsbastion oder Leuchtturm. Bei Angriffen auf Byzanz spannte man von hier kurzerhand eine Kette über den Bosporus, um Feinde abzuhalten. Heute feiern die Istanbuler gerne ausschweifende Hochzeiten auf der kleinen Insel.

SIROCCO

HANGOVER AUF DEM ROOFTOP

Schon mal einen „Hangovertini“ probiert? Den gibt es nur in Bangkok, wo im luxuriösen Restaurant Sirocco mit einer der höchstgelegenen Skybars der Welt Szenen des Films „Hangover 2“ gedreht wurden. Für den Apéritif schreitet man filmreif die Treppe zur wechselfarbigen Bar hinunter, bestellt ebenjenen Cocktail, setzt sich in der schwülen Tropenluft an den Tisch und gibt sich dem leisen Höhenkribbeln hin.

GLÜCKUNDSELIGKEIT

DER HIMMEL AUF ERDEN

Sinnlich, paradiesisch, geistreich – bei diesen Attributen denkt wohl niemand an Bielefeld. Doch genau so frohlockte die Presse, als hier eine Kirche aus dem 19. Jahrhundert zu einem gastronomischen Betrieb umgebaut wurde. Die moderne Innenarchitektur und das farbige Lichtszenario nehmen dem neugotischen Raum nichts von seinem alten Geheimnis. Glück und Seligkeit haben eben verschiedene Facetten!

● Bielefeld, Deutschland
www.glueckundseligkeit.de

Cusco, Peru
www.belmond.com/de/collection/trains/hiram_bingham

BELMOND HIRAM BINGHAM

DER KLUGE SPEIST IM ZUGE

Machu Picchu, die sagenumwobene alte Stadt der Inkas, liegt hoch in den Bergen der Anden und ist über eine atemberaubend schöne Zugstrecke zu erreichen. Die gut zweistündige Bahnfahrt lässt sich im eleganten Luxuszug Hiram Bingham, der benannt ist nach dem Entdecker der Inka-Stadt, aufs Angenehmste überbrücken. Im Speisewagen im Design der 1920er-Jahre gibt es Brunch mit Livemusik auf der Hinfahrt und ein Gourmet-Dinner auf der Rückfahrt, während das liebliche Tal des Rio Urubamba vor den Panoramafenstern vorbeizieht.

SIDI DRISS

DAS STERNE-RESTAURANT

Star-Wars-Fan? Um Tatooine zu besuchen, reicht schon eine Reise ins tunesische Matmata. Die Berber der Gegend schützten sich vor den extremen Temperaturen, indem sie sich tief in den weichen Sandstein gruben. Das berühmteste dieser Höhlenhäuser kennen Filmfans als Haus, in dem Luke Skywalker aufwuchs. Heute ist es Hotel und Restaurant, und der Besitzer hat Lukes Original-Lichtschwert unterm Tresen liegen.

Velp, Niederlande
www.culiair.nl

CULIAIR

MEHR ALS HEISSE LUFT

Die holländische Meisterköchin Angélique Schmeinck ist Insidern schon lange für ihre hochfliegende Kochkunst bekannt – doch nun geht es dem Himmel noch ein Stück näher. Im höchsten Restaurant der Niederlande – nämlich auf einer Ballonfahrt über die schönsten Gegenden des Landes – können ihr 5 bis 24 Personen live zuschauen, wie sie Hummer, Wilden Seebarsch oder Perlhuhn zubereitet. Doch das ist noch gar nicht die eigentliche Sensation, denn sie ist die einzige Person auf der Welt, die direkt mit der Heißluft des Ballons kocht!

• Dubai, VAE
www.atmosphereburjkhalifa.com

AT.MOSPHERE

EINFACH WELTSPITZE

Essen auf Spitzenniveau – das versteht sich im At.Mosphere im doppelten Sinn des Wortes. Das Restaurant liegt auf 442 Metern über Meer in der 122. Etage des Burj Khalifa, des höchsten Gebäudes der Welt, und hält somit den Guinness-Rekord als höchstgelegenes Restaurant der Welt. Eine atemberaubende Aussicht auf die auch nicht gerade winzigen Wolkenkratzer tief unten begleitet die (Spitzen-)Kreationen auf dem Teller.

Köln, Deutschland
www.unsicht-bar.de

UNSICHT-BAR

IMMER DER NASE NACH

Das Auge isst mit? Das kann man hier vergessen! Im Dunkelrestaurant wird der dominanteste Sinn des Menschen an der Garderobe abgegeben. Dafür nimmt die Nase Gerüche in nie gekannter Fülle wahr. Die Zunge ertastet intensiv jeden Bissen des Überraschungsmenüs. Die Ohren sind gespitzt und lauschen den Hintergrundgeräuschen, in die sich ab und an Musikklänge mischen. Eine ungewohnte und spannende Situation, in der das hilfreiche blinde und sehbeeinträchtigte Servicepersonal plötzlich viel sicherer auftritt als die sehenden Gäste.

GROTTA PALAZZESE

WO IL SOLE IM MEER VERSINKT

Italiens romantischstes Restaurant ist so fotogen, dass es mittlerweile ein echter Social-Media-Star geworden ist. Es verbirgt sich in einer Naturhöhle direkt über dem Meer. Schon in grauer Vorzeit kam man hier zum Feiern zusammen. Auf zwei offenen Ebenen diniert man heute bei zauberhafter Beleuchtung, genießt die erfrischende Abendbrise, und das Rauschen der Brandung begleitet die exquisite Küche. Buon appetito!

Warkworth, Neuseeland
www.redwoodstreehouse.co.nz

THE REDWOODS TREEHOUSE

FEST VERWURZELT

Wie schwebende Bambuslampions umschmiegen zwei filigrane Schalen in zehn Metern Höhe den Stamm eines massiven Redwood-Baums. Der Weg hinauf in das luftige Ensemble führt über einen Baumkronensteg. Das Baumhaus kann für Firmenfeiern, Hochzeiten oder Geburtstage mitsamt Catering gemietet werden. Wen wundert's, dass der malerische Ort auch schon als Kulisse für eine Fantasy-Serie diente. So richtig märchenhaft wird es aber, wenn die Nacht hereinbricht und die Skulptur heimeliges Licht durch den dunklen Wald streut.

● New York, USA
zauo-newyork.com

ZAUO FISHING RESTAURANT

PETRI HEIL!

Wer einen ruhigen Abend zu zweit sucht, ist im Zauo Fishing Restaurant mit Sicherheit am falschen Ort. Denn hier geht es erst einmal darum, sein Abendessen selbst zu fischen – ein spritziges und maximal unterhaltsames Vergnügen. Eigentlich sollen die Gäste aber zugleich ihr Nahrungsmittel wertschätzen lernen, indem für die Speisen alle Teile des Fisches verwendet werden. Die Idee stammt aus Japan, mittlerweile hat die Restaurantkette auch ein Lokal in New York eröffnet.

AL JOHNSON'S SWEDISH RESTAURANT

ZIEGEN STATT ZIEGEL

Es begann mit einem Scherz: Al hatte gerade ein neues Grasdach auf sein skandinavisches Restaurant gesetzt, worauf ihm ein Freund die Ziege Oscar schenkte. Al stellte Oscar kurzerhand aufs Dach, und sein Restaurant wurde bald zu einem der berühmtesten Lokale der Gegend. Mittlerweile hat er die Idee „Ziegen auf dem Dach" sogar patentieren lassen.

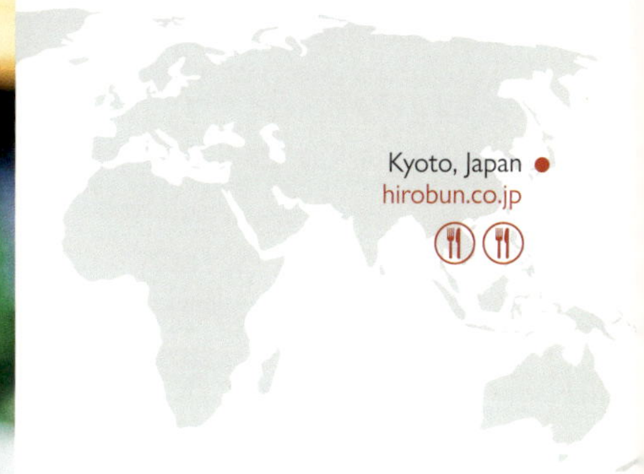

HIROBUN

WO DIE NUDELN SPRUDELN

Die Sommer in Kyoto sind schwül und heiß. Deshalb entstand entlang des nahen Kamogawa-Flusses die Tradition der Kawadoko-Restaurants auf Plattformen direkt über dem fließenden Wasser – sehr beliebt bei den schwitzenden Städtern. Das Kawadoko Hirobun wartet mit einer besonderen Spezialität auf: Hier werden erfrischende Nagashi Somen serviert, dünne weiße Nudeln, die in kaltem Wasser aus einem Bambusrohr heraussprudeln. Man ergreift sie mit Essstäbchen und dippt sie in eine kalte Sauce. Wer ungeschickt ist, bleibt allerdings hungrig.

Durban, Südafrika
ushakamarineworld.co.za/cargo-hold

CARGO HOLD

ALLE MANN AN BORD!

Sind wir etwa mitsamt dem Restaurant untergegangen und liegen auf dem Meeresgrund? Ein leicht gruseliges Gefühl beschleicht einen im dunklen Innenraum des Frachters „Cargo Hold", wenn vor den Fenstern Haie und andere Meeresbewohner vorbeiziehen. Die um fünf Wracks designte Location in einem Freizeitpark ist eine Hommage an ein mythenumwobenes Geisterschiff. Im letzten Jahrhundert wurde es regelmäßig vor dem Hafen von Durban gesichtet, legte aber nie an, beantwortete keine Funksprüche – und verschwand jedes Mal wieder spurlos.

CARGO HOLD
RESTAURANT

• Vacone, Italien
www.soloperdue.com/de

SOLO PER DUE

TI AMO, TI AMO

„Solo per due" heißt „nur für zwei", und so ist in diesem Anwesen – sehr viel früher angeblich der Landsitz des lateinischen Dichters Horaz – nur ein einziger Tisch gedeckt. Frischverliebte genießen den zauberhaften Ausblick über das Tal mit seinen Olivenhainen und Weinbergen oder machen es sich an regnerischen Wintertagen am Kaminfeuer gemütlich. Um den Titel „kleinstes Restaurant der Welt" streiten sich viele, aber mal ehrlich: Wen kümmert's bei so viel Romantik?

MICKEY'S DINING CAR

THE AMERICAN WAY OF DINING

Hier isst man in einer offiziellen historischen Stätte der USA: Mickey's Dining Car zierte Plattencover, hatte Auftritte in Filmen oder Musikvideos und schaffte es auf die Titelseiten, als davor politische Auseinandersetzungen stattfanden. Die Art-déco-Ikone wurde in Form eines Eisenbahnspeisewagens designt – außen viel Metall, innen geschwungene Formen in Rot- und Holztönen – und ist seit 1939 in der Hand der Gründerfamilie.

● London, Großbritannien
supperclub.tube

SUPPER CLUB TUBE

MIND THE GAP

Berufstätige Londoner fühlen sich in ihrer „Tube" ja irgendwie zu Hause, da verbringt man doch gerne mal einen Abend mit Sitzplatzgarantie in einem renovierten Wagen der Victoria Line aus den Sechzigerjahren. Schließlich darf man auch kulinarisch mehr erwarten als das Sandwich auf dem Weg zur Arbeit, und endlich lernt man mal seine Mitreisenden kennen: Am langen Tisch sitzen einander völlig unbekannte Menschen auf originalen U-Bahn-Bänken gegenüber und genießen das eine hochkarätige südamerikanische Tasting Menu, das die kolumbianische Chefköchin Bea Maldonado auf die Tische zaubert.

● Hod haScharon, Israel
www.segevchef.com/restaurants/segev-kitchen-garden/?lang=en

SEGEV KITCHEN GARDEN

IM DESIGN-GARTEN EDEN

Es grünt so grün im stylishen Restaurant „Küchengarten“ des Promi-Kochs Moshe Segev. Gestaltet wurde das architektonische Meisterwerk von einem aufstrebenden israelischen Designstudio. Grüne Pflanzen hängen von der Decke, sprießen zwischen den Tischen, und überall gedeihen die würzigen Kräuter, die das Personal frisch pflückt und direkt vor den Gästen auf die Teller schnippelt. Kaum hat man sich gesetzt, stehen auch schon zahllose farbenfrohe Vorspeisen auf dem Tisch, noch bevor man die Bestellung des Hauptgerichts aufgegeben hat.

יציאה

Mailand, Italien
atmosfera.atm.it

ATMOSFERA

NÄCHSTE HALTE-STELLE MILANO

Stadtrundfahrt oder Restaurant? In Mailand muss man sich diese Frage nicht stellen, stattdessen bucht man einen Abend im fahrenden Straßenbahn-Restaurant und lässt die Stadt an sich vorbeiziehen. In den liebevoll restaurierten Originalwagen aus dem Jahr 1928 gibt es einen Speiseraum für 24 Personen und eine Küche, in der selbstverständlich frisch gekocht wird. Den Halteknopf braucht es nicht – wer will schon aussteigen?

ROBOT WORLD

WIR SIND DIE ROBOTER

Sie sind ja schon irgendwie niedlich, die kindsgroßen roten, blauen oder grünen Roboter in diesem chinesischen Restaurant. Das Essen wird zwar in einer automatisierten Küche zubereitet und die Roboter fahren es dann auf weißen Linien bis zum Tisch. So ganz ohne menschliches Zutun geht es aber doch nicht: Man muss den kleinen Helfern die Teller aus den Händen nehmen. Und auch bezahlt wird bei echtem Personal.

SCHLÖSSLI WÖRTH

RHEIN INS VERGNÜGEN

Schon Goethe war hier. Ihm gefiel das ehemalige Zollhaus beim tosenden Rheinfall so gut, dass er – nicht ohne zuvor ein gutes Glas Wein genossen zu haben – eine Zeichnung davon anfertigte. Den guten Wein gibt es immer noch, und die Aussicht auf das weltberühmte Naturspektakel natürlich auch. Wer schon mal hier ist, sollte unbedingt eine Bootsfahrt buchen und die Macht der Elemente hautnah erleben.

● Neuhausen am Rheinfall, Schweiz
www.schloessliwoerth.ch

● New York, USA
www.twahotel.com/paris-cafe

PARIS CAFÉ

WILLKOMMEN IM JET AGE

Es war die Zeit, als das Fliegen durch die ersten Düsenjets plötzlich erschwinglich wurde. Eero Saarinen fand den passenden architektonischen Ausdruck dazu, indem er den Terminal für die Trans World Airlines in Form eines fliegenden Vogels gestaltete. Die TWA ging trotzdem pleite, und heute ist das Gebäude ein stilecht renoviertes Hotel. Im originalen Paris Café weht wie damals wieder der Duft der weiten Welt.

NEW YORK CAFÉ

ALLES GLÄNZT SO SCHÖN NEU

Welche Pracht! In der goldenen k.u.k.-Zeit um 1900 war das New York Café das beliebteste Kaffeehaus Budapests. Künstler, Film- und Theaterleute oder Schriftsteller verkehrten hier, und oben in der Galerie wurden einflussreiche Zeitungen herausgegeben. Die Weltwirtschaftskrise beendete diese Ära, bis 2006 das vergessene Kleinod, jetzt als Teil eines Luxushotels, in seinem ursprünglichen Prunk wiederhergestellt wurde.

AL FALAJ

DIE WÜSTE LEBT

In der Wüste wird der Mensch ganz klein und das Herz öffnet sich. Ein kurzer Abendspaziergang vom nahen Resort, und schon liegt da wie eine Beduinen-Oase das Restaurant Al Falaj zwischen den Sanddünen. Man setzt sich auf Kissen oder Teppiche unter freiem Himmel und genießt das Lammfleisch vom Grill. Wenn dann die ersten Sterne funkeln und eine kühle Brise den grellen Wüstentag verjagt, entspannt man sich bei einer Shisha und den hypnotischen Klängen des Kanun.

IMPRESSUM

Erste Auflage 2019

www.dumontreise.de
ISBN 978-3-7701-8473-6

Texte: Silwen Randebrock, Patrick Schär
Konzept und Projektbetreuung: Andrea Wurth, Jana Duran
Grafik: treibsand grafik
Produktion: Torat GmbH, Zürich
Bildrecherche: Julia Stieglmeier, Sibylle Dettmann, Patrick Schär

FSC www.fsc.org MIX Papier aus verantwortungsvollen Quellen FSC® C015829

Gedruckt in Italien

BILDNACHWEIS

Agentur Roeder, Göttingen: S. 42
Alfredo Maiullari, Polignano a Mare (IT): S. 103
Ali Barbour's Cave Restaurant, Kenia (KE): S. 16
André Leisner, Lübeck: S. 68
ATM-Servizi Diversificati, Mailand (IT): S. 118
August Dellert, Stockholm (SWE): S. 23
AWL-Images, Whitchurch (GB): S. 20/21 (Walter Bibikow)
BPM Outsource Ltd., Harleston (GB): S. 115 (Jess Rose); 114 (Sam Rockman rockersalmighty)
CuliAir Skydining, Velp (NL): Titelbild, 98, 99 (Angélique Schmeinck)
De Kas, Amsterdam (NL): S. 45, 44 (Ronald Hoeben)
Dinner in the Sky, Beringen (BE): S. 17, Umschlagrückseite o. li. (dinnerinthesky.com)
Getty Images, München: S. 110, 111 (AFP/Javier Soriano); 107 (AFP/Karen Bleier); 80, 81 (AFP/RAUL ARBOLEDA); 82, 83 (AFP/Thierry Zoccolan); 88, 89 (John S Lander); 11 (Poppy Hollis); 50/51 (Prisma by Dukas); 63 (Sam Mellish); 73 (SVF2); 62 (View Pictures)
HABSU plc, Lalibela (ETH): S. 56, 57
Hans & Grietje Pannenkoekenhuis en Speelpark, Zeewolde: S. 30, 31 (Esther Mulder Fotografie)
Huber-Images, Garmisch-Partenkirchen: S. 102 (Giovanni Simeone)
Hurawalhi Island Resort, Hurawalhi (MV): S. 38/39
iStock.com, Calgary (CA): S. 74 (Aliseenko); 84 (AROYBARMAN); 97 (cinoby); 120 (clu); 64/65 (gyro); 22 (JavenLin); 24 (Raphael Meier); 67 (Tatabrada); 48 (VictorHuang)
laif, Köln: S. 18, Umschlagrückseite u. li. (Aurora/Andy Richter); 54 (eyevine/eyevine/Rao Rao Xinhua); 119 (eyevine/eyevine/Xinhua); 28 (GAMMA-RAPHO/Eric BOUVET); 46, 47 (Gunnar Knechtel); 93 (Peter Hirth); 112 (Polaris/Antonella Nusca); 69 (Ralf Brunner); 106 (Redux/David Williams); 77 (Redux/Melissa Golden); 61 (Redux/Randy Harris)
Lebua Hotels & Resorts, Bangkok (TH): S. 92
Luftseilbahn Grindelwald-Pfingstegg AG, Grindelwald: S. 40/41 (Pascal Imhof Photography)
Marrakech Riad, Marrakesch: S. 72 (Dar Cherifa)
Mauritius Images, Mittenwald: S. 60 (Alamy/Andia); 75 (Alamy/Jose Vilchez); 19 (Alamy/Kate Hockenhull); 49 (Alamy/Pat Canova); 43 (Alamy/Paul Quayle); 95 (Alamy/Sergi Reboredo); 79 (Alamy/Travelstock 44); 108 (Alamy/Wibowo Rusli); 25 (imagebroker/Günter Lenz); 100 (imagebroker/Jochen Tack); 34, 35 (Markus Lange); 94 (R. Ian Lloyd)
picture-alliance, Frankfurt a. M.: S. 121 (KEYSTONE/Melanie Duchene); 29 (REUTERS)
Purple PR, London (GB): S. 10 (Ed Reeve)
Qasr Al Sarab Desert Resort by Anantara, Abu Dhabi : S. 125 (Anantara)
Redwoods Treehouse, Auckland: S. 104/105 (Debbie Harrison)
REM Eiland, Amsterdam (NL): S. 55, Umschlagrückseite o. re.
Restaurant Steirereck, Wien: S. 66
Restaurante Botin, Madrid (ES): S. 85
ROLLERCOASTERRESTAURANT®, Wien: S. 12/13
Searcys at the Treehouse at the Alnwick Garden, Alnwick: S. 86, 87 (Darryn Wade)
Select Service Partner, Alfortville (FR): S. 37 (Arnaud Frich)
Shutterstock.com, Amsterdam (NL): S. 90/91 (Darkdiamond 67); 78 (Kim David); 76 (littlenySTOCK); 124 (posztos); 113 (Sam Wagner); 109 (show999); 96 (Slimstyl)
Silky Oaks Lodge, Avalon (AUS): S. 70, 71
Skyline Queenstown, Queenstown (NZ): S. 32/33
Snowland, Rovaniemi (FIN): S. 36, Umschlagrückseite o. M.
Soneva Mauritius Limited, Bangkok (TH): S. 7 (Amp Sripimanwat); 6, Umschlagrückseite u. M. (Paul Raeside)
Studio Yaron Tal, Tel Aviv: S. 116/117 (Yoav Gurin)
The Brandman Agency, Beverly Hills (USA): S. 52/53 (Viceroy Los Cabos)
The Jane Antwerp, Antwerpen (BE): S. 26, 27, Umschlagrückseite u. re. (Pieter D'Hoop)
TWA Hotel, New York (USA): S. 122, 123 (David Mitchell)
UFO.watch.taste.groove., Bratislava (SK): S. 58/59
Under, Lindesnes (NO): S. 8 (Inger Marie Grini Bo Bedre Norge); 2, 9 (Ivar Kvaal)
Zollenspieker Fährhaus, Hamburg: S. 14, 15